MIMI LAMOUR.

Air nouveau de l'auteur.

(Noté N° 1.)

Mimi Lamour, eun' gross' marchand' toilière,
In perdant s'n homm', comme elle avot d'l'argint,
Suivant sin goût, ell' s'a mis cabar'tière.
Un moyen d' vive in aïant d' l'agrémint.
  Aussitôt, cheull' femm' joyeuse,
  A pris, volant réussir,
  Pour einseinne : *A l'Amiteusse*...
  On n' povot point mieux queusir.
   In veyant ses manières,
   On peut dir' sans détour,
   Que l' rein' des cabar'tières
   Ch'est Mimi Lamour.

NOTA.— Le quatrième volume des *Chansons et Pasquilles Lilloises* contient, à la fin, un vocabulaire des mots et des locutions qui ont paru avoir le plus besoin d'être expliqués aux personnes imparfaitement initiées au patois du Nord. Pour n'avoir pas à reproduire ici ce travail, nous y renvoyons le lecteur. Nous nous bornerons à donner, au bas des pages, des notes sur les mots peu usités qui ne se trouvent pas dans ledit vocabulaire.

Quoiq' déjà veuve, au moins, n'allez point croire
Qu'elle est vieillotte... Ell' n'a point trint'-deux ans!
Ell' compte incor trint'-deux dints dins s' machoire,
Et s' gross' figure a l' fraîcheur du printemps.
    Tous ses ch'veux sont bien à elle,
    Ses yeux, ses sourcils sont biaux;
    Pou' l' forche ell' n'a point s' parelle :
    Ses bras ch'est des vrais potiaux!
        In veyant ses manières,
        On peut dir' sans détour,
        Que l' rein' des cabar'tières
        Ch'est Mimi Lamour.

Tout nettoyer, chaq' matin, ch'est s'n affaire,
In négligé : gros bas d' laine et chabots,
Manches r'troussé's, jupon r'levé derrière,
Ecourcheu d' toile et l' pus vieux d' ses capots.
    Queulle ardeur à laver s' plache!
    Comme elle est heureusse, après,
    De l' vir prop' comm' sin visache,
    Et d' fair' des dessins dins l' grès!
        In veyant sos manières,
        On peut dir' sans détour,
        Que l' rein' des cabar'tières
        Ch'est Mimi Lamour.

Quand vient la brune, ell' va s' mette in toilette,
Pour faire honneur à ses buveux du soir.

A les servir, à tout geste, elle est prête :
Ell' trotte, ell' court, des table' à sin comptoir.
 Comme i n'y-a qu'ell' pour tout faire,
 Elle a d' quoi s' délicoter...
 Cha n'impêch' point qu' cheull' commère
 Trouve l' moyen d' tricoter !...
  In veyant ses manières,
  On peut dir' sans détour,
  Que l' rein' des cabar'tières
   Ch'est Mimi Lamour.

In m'acoutant, j' pari' qu' pus d'un d' vous pinse
Qu'ell' pousse à l' vinte. Ah ! mes gins, halte-là !
Tout au contraire, elle arrête l' dépinse
Quand on s'écauff'... S'il arriv', malgré cha,
 Qu'un p'tit buveu vient malade,
 Ell' le soingn' d'un cœur ouvert,
 Ell' li fait de l' limonade,
 S'i n' va point mieux, du thé vert.
  In veyant ses manières,
  On peut dir' sans détour,
  Que l' rein' des cabar'tières
   Ch'est Mimi Lamour.

Mais cheull' brav' femm', si bonn', si complaisante,
I n' fait point bon qu'on li marche su' l' pié.
Quand un soulo', à l'humeur contrariante,
Veut, dins s' mason, v'nir troubler l'amitié,

« Assez ! qu'ell' li dit, cha m' lasse ! »
Si ch'l homm' n'intind point raison,
Faut vir' comme elle a bonn' grâce
A l' mette à l' port' de s' mason !

    In veyant ses manières,
    On peut dir' sans détour,
    Que l' rein' des cabar'tières
      Ch'est Mimi Lamour.

On a parlé d' l'honnêt'té des gins d' Lille.
Avec justic' nos marchande' ont che r'nom.
Mimi Lamour su' ch'l article in vaut mille,
Pour in juger, fait's-li boire un canon.
    Sans péser sin biennifice,
    Soyez sûrs qu'ell' vous dira
    Pus d' six fos : « *A vot' service,*
    Savez !.. Quand i vous plaira ! »

    In veyant ses manières,
    On peut dir', sans détour,
    Que l' rein' des cabar'tières
      Ch'est Mimi Lamour.

LES DEUX GRANDS-PÈRES.[1]

Air nouveau de l'auteur.

(Noté N° 2.)

J' connos deux bons vieux grands-pères,
Amis d' quarante an', au moins,
Malgré qu' leus deux caractères
Sont différints su' tous points.
L'un crot tout chin qu'on raconte,
Chin qui s'affiche et s'écrit.
L'aut', qui prind tout pour un conte,
Même l' vrai, souvint, li dit :

— Ah ! m'n ami ! *(Bis.)*
Ah ! si te cros cha, m'n ami,
T'es bien pus bonnass' que mi !

---

(1) Les personnes qui voudraient faire de cette chanson une petite scène à deux personnages, sont priées de remarquer qu'il suffit d'y apporter les modifications suivantes :
1° Supprimer le premier couplet ;
2° Remplacer les quatre premiers vers du deuxième couplet par ceux-ci :

Bonjour, Ritin, min compère,
Que j' sus contint de t' trouver,
Pou' t' raconter eune affaire,
Triste, et su' l' point d'arriver !

Naturellement, le premier *grand-père* dit tous les couplets, et le second chante invariablement le refrain.

Et, t'nez, je n' peux point mieux faire,
Qu'à deux, d' les laicher d'viser.
L' premier dit : « Te sais, compère,
L' malheur su' l' point d'arriver.
Dins min voisinache, eun' femme
Est morte hier au matin.
Sin pauvre homm', tell'mint qu'il l'aime,
Veut s' laicher morir de faim. »
— Ah! m'n ami! *(Bis.)*
Ah! si te cros cha, m'n ami,
T'es bien pus bonnass' que mi!

« J' viens d' faire un rêve incroyable,
Qui m'a mis tout sans-sus-d'sous.
J'ai vu là, comptés su' m' table,
Chint mill' francs, tout in p'tits sous.
Aussi, bien vite, à l' lot'rie,
J' risque l'argint d' deux billets.
J'arai l' gros lot, je l' parie,
Car un rêve n' mint jamais. »
— Ah! m'n ami! *(Bis.)*
Ah! si te cros cha, m'n ami,
T'es bien pus bonnass' que mi!

« Pour à ch't heur', min comarade,
L' métier d' méd'cin n' vaut pus rien ;
Car, quand on reste malade,
Conviens-in, ch'est qu'on l' veut bien.

Te n' diras point que j' bavarde,
D'un certain Monsieur Didier,
On n'a qu'à mainger l' moutarde,
In queq's jour' on est sur pied. »
— Ah! m'n ami! *(Bis.)*
Ah! si te cros cha, m'n ami,
T'es bien pus bonnass' que mi!

« Nous allons voiter dimanche,
Pour un nouviau député,
Qui nous a promis d'avanche
Pus d'eun' marque de s' bonté.
Dins l' discours qu'i vient d' nous faire,
I n' promet qu' du bon, du biau...
Par li nous vivrons, j'espère,
Comm' des p'tits pichons dins l'iau. »
— Ah! m'n ami! *(Bis.)*
Ah! si te cros cha, m'n ami,
T'es bien pus bonnass' que mi!

« Un richard de m' connaissance,
Va s' mett' dins l' grand régimint,
Avé l' fill' d'un maît' de danse,
Qui n'a qu' vingt ans... Heureus'mint,
Elle apporte mieux qu'eun' rinte
Pou' l' bonheur de ch' vieux zouzou :
Elle est incor einnochinte
Comm' l'infant sortant du chou. »

— Ah! m'n ami! *(Bis.)*
Ah! si te cros cha, m'n ami,
T'es bien pus bonnass' que mi!

« Quoiq' te n' veux jamais rien croire,
Faut que j' te racont', Ritin,
Qu' l'ainné' passée, à la foire,
Eun' femme in vettiant dins m' main,
A vu min passé : m' naissance,
Mes p'tit's farces du jeun' temps...
Et m'a dit que m'n existence
N' finira qu'après chint ans. »
— Ah! m'n ami! *(Bis.)*
Ah! si te cros cha, m'n ami,
T'es bien pus bonnass' que mi!

« On n' m'a jamais connu chiche.
A mes parints malheureux,
Malgré qu' je n' sus point fort riche,
Toudis j' donne autant que j' peux.
Quand j'arai fait l' grand voyache
Les pieds d'vant, i s' partag'ront
Tout chin qu' j'ai... cha m' rind bénache,
Car, bien sûr, i me r'grett'ront!... »
(Ritin, avec tristesse.)
— Ah! m'n ami! *(Bis.)*
Ah! si te cros cha, m'n ami,
T'es bien pus bonnass' que mi!

Lille-Imp. L Danel

MIMI LAMOUR.

Air de Desrousseaux.

LES DEUX GRANDS PÈRES

Lith. Boldoduc frères à Lille

LES PINT'LEUX.

Air nouveau de l'auteur.

(Noté N° 3.)

A MON AMI LOUIS COLLIN, POÈTE - IMPROVISATEUR.

> Ch'est Collin, ch' fameux poète,
> Si savant, si bon garchon !
> Qui m'a mi', un jour, in tiête,
> L'idé' d' vous fair' cheull' canchon.
>   A. D.

Incore un bon personnache
Qu'on n' verra pus bien longtemps.
Ch'est l' Pint'leu. — I déménache,
Comm' tout séquoi du vieux temps.
Avant qu' hélas ! i nous quitte,
Donnons-li quéq's mots de r'gret,
Et tâchons d'in fair' bien vite,
Et fidèl'mint, l' vrai portrait.

    On peut l' dire,
    Sans s' dédire,
    Les pint'leux
Ch'est des gins curieux.

Les pint'leux sont, d'ordinaire,
Des vieux imployés r'traités,

Des p'tits rintiers, n' sachant qu' faire
D' leu temps... Des marchands r'tirés.
Tous homme' à ch't heur' dins l'aisance,
Par coutume, avaricieux,
Aïant passé l'existence
A coper un doupe in deux.

  On peut l' dire,
  Sans s' dédire,
  Les pint'leux
 Ch'est des gins curieux.

Puisque j' dis qu'i sont avares,
Faut qu' je l' prouve autant que j' peux,
Non point par des traits fort rares,
Mais par quéq's-uns bien fameux.
Quand l' pint'leu n'a bu qu' eun' pinte,
I met treiz' centin's dins l' main
De l' cabar'tière... Ah! queull' feinte!
Il in donn' douze l' lind'main.

  On peut l' dire,
  Sans s' dédire,
  Les pint'leux
 Ch'est des gins curieux.

Tout cabar'tier, cabar'tière,
Polimint vous servira
Toudis l' premier verr' de bière...
Mais l' pint'leu, n'intind point cha.
Tout' pleine on li donne s' pinte;
Il l'ouvre au bout d'un moumint,

Et s'i vot qui n'y-a de l' freinte [1]
I ruchonne [2] et fameus'mint.
    On peut l' dire,
    Sans s' dédire,
    Les pint'leux
    Ch'est des gins curieux.

Aïant, même in campanie,
Chacun leu pinte à chucher,
A cart's, s'i faitt'nt eun' partie,
Ch'est toudis pour impocher.
Faut vir comme l' gaingnant s' vante,
Et comme il a l'air heureux !
L' perdant, d'humeur massacrante,
Va jusqu'à s' tirer les ch'veux.
    On peut l' dire,
    Sans s' dédire,
    Les pint'leux
    Ch'est des gins curieux.

Quoiq' faijant faible dépinse,
Comme on l' vot, pou' s' divertir,

---

[1] *Freinte*. Déchet, perte occasionnée par la dessiccation. — Perte qu'on éprouve par la diminution du poids d'une chose en la travaillant. (HÉCART). — Perte qu'occasionne l'ébullition et la fermentation dans les liquides. (L. VERMESSE).

Dans le cas particulier où se trouve ici le *Pint'leu*, la *freinte* provient de ce que, comme nous l'avons dit dans la chanson du *Nunu* :

    « Pus d'un cabar'tier,
    » Comme on l' sait, tire s' bière à l' mousse... »

et que cette mousse, qui disparaît au bout d'un instant, tient dans la pinte une place que la vraie bière occuperait mieux au goût du buveur économe.

[2] Bougonne, gronde entre ses dents.

Dins sin palais, jamais prince
Ne s' f'ra, comme eusse, obéir.
Qui n' l'a vu, n' vodra point l' croire,
Des cabar'tiers, ch'est l' tourmint.
Jusqu'à pour verser à boire
I sont déraingés souvint.

  On peut l' dire,
  Sans s' dédire,
  Les pint'leux
 Ch'est des gins curieux.

I n'est mêm' point bien facile
D' leu plaire... Et t'nez, jugez-in :
Si, trop fort monté, l' gaz file,
Si l' peindule n' va point bien,
Si l' bière, hélas ! n'est point claire,
S'i fait frod, s'i fait trop caud,
Tout aussitôt, l' cabar'tière
Est sermonné' comme i faut.

  On peut l' dire,
  Sans s' dédire,
  Les pint'leux
 Ch'est des gins curieux.

Volez-vous lire l' gazette ?
Méfiez-vous bien du pint'leu,
Car, semblant de rien, i guette
Pour vir arriver l' porteu.
S'il l'a, par tous ses *confrères*
Elle est *r'tenue* aussitôt......

Vous, pindant des heure' intières,
Vous povez croquer l' marmot.

  On peut l' dire,
  Sans s' dédire,
  Les pint'leux
 Ch'est des gins curieux.

Un pint'leu célibataire,
Soupe au cabaret. — Ch'est bon,
Tant qui n' maing' que d' l'andoull' d'Aire,
Du p'tit salé, du gambon,
Du fi, du lard avé s' couenne...
Mais, dit's si ch'est régalant,
Quand on l' vot s' bourrer sans gêne,
Avec du fromach' puant.

  On peut l' dire,
  Sans s' dédire,
  Les pint'leux
 Ch'est des gins curieux.

J'avos-t-i point raison d' dire
Qu' ch'est un fort drol' de m'n ami,
Que l' pint'leu ?... Mais j' vous vos rire,
Et j' cros qu' vous pinsez, comm' mi,
Qu'in train d' plaisi, dins la lune,
On ira vir des coqu'leux,
Quand l' cabar'tier f'ra fortune
Avec l'argint des pint'leux.

  On peut l' dire,
  Sans s' dédire,
  Les pint'leux
 Ch'est des gins curieux.

L'AMOUREUX D' MAD'LON.

Air du Graissier (4ᵉ volume).

(Noté N° 4.)

« L'aut' jour, Mad'lon, à s' biell'-sœur Mari'Claire,
Tout in ouvrant, parlot de s'n amoureux.
Ell' li dijot : « D'puis que j' connos ch' compère,
J' peux bien m' vanter d' passer des jour' heureux.
  Il a toudis l' mot pour rire,
   Et n' décesse d' dire :
   « Soyons gais tertous,
 Ch'est la fin du monde après nous ! »

  Ah !... ch'est un joyeux drille,
   M'n amoureux !
  Vraimint, dins tout Lille, } Bis.
   N'y-a point mieux ! »

» Quand nous allons faire eun' petit' promenade,
Pou' m' régaler, i n' vette à rien, ch' luron.
I m' forche d' boir' du vin, de l' limonade ;
I m' fait mainger deux tros portions d' gambon ;
  I dévaliss' les marchandes
   D' macarons, d'amandes...
   Si j' li dis : Merci !
Il in fourr' dins m' poch' malgré mi.

   Ah !... ch'est un joyeux drille,
    M'n amoureux !
   Vraimint, dins tout Lille,
   N'y-a point mieux. »

» Min grand bonheur ch'est quand i m' mène à l' danse.
Des heure' intière' i m' fait valser, polker.
Dins les quadrille', i faut vir comme i s' lance !
I saute, i tourne, infin, i m' fait tant suer
  Quand nous faijons *la scotiche*,
   Qu'on tordrot m' quemiche.
  Et dins les galops,
I m' porte quéq'fos su' sin dos !

   Ah !... ch'est un joyeux drille,
    M'n amoureux !
   Vraimint, dins tout Lille,
   N'y-a point mieux. »

» I n'est point fort pour canter dès romances,
Ni des grands airs, à côté d'un piano,
I dit qu' chés mots : « *Soupirs d'amour, souffrances,* »
Quoique in musiqu', cha n'est ni gai, ni biau.
  Mais s'i s'agit d'eun' drôl'rie,
   I n' faut point qu'on l' prie.
   I forch' les Chagrins,
 Même, à t'nir leu panche à deux mains.

   Ah !... ch'est un joyeux drille,
    M'n amoureux,
   Vraimint, dins tout Lille,
    N'y-a point mieux. »

« A l' Société r'nommé' du *Bal-in-Suisse*,
Il est intré. Cha fait qu'au Carneval,
Au moins tros fo', avec li, je m' déguisse,
Pour m'in aller bien m' divertir au bal.
  Dins l' jour, queu plaisi, ma fille !
   Nous parcourons l' ville,
   Vindant des conchons
 Composé's pa' ch' roi des chochons !

   Ah !... ch'est un joyeux drille,
    M'n amoureux,   } Bis.
   Vraimint, dins tout Lille,
    N'y-a point mieux. »

MIMILE AU MUSÉE.

Air du Carnaval ou du Pana.

(Noté N° 5).

A ÉDOUARD DE SAINT-AMOUR (1).

Aussi vrai que j' m'appell' Mimile,
Malgré qu' j'ai passé quarante ans,
J'ai visité l' biau musé' d' Lille,
Pou' l' premièr' fos, n'y-a point longtemps.
A ch't heur', ch'est eune aut' pair' de manches,
Ch'l indrot m'a tell'mint pri' au glu,
Qu' j'y pass' deux heur's tous les dimanches,
Pour mi rattraper l' temps perdu.

Ah! qu'on vot là des biaux tableaux! }
   Ah! qu'i sont biaux!   Bis.
   Ah! qu'i sont biaux!

---

(1) M. Édouard de Saint-Amour qui fait, depuis vingt ans, de la critique d'art, a écrit, en 1855, une brochure très-estimée sur le salon de peinture de l'Exposition universelle de cette époque. C'est donc, en quelque sorte, à un *confrère* que Mimile soumet ses impressions sur le Musée de Lille.

D'abord, on vot tout près de l' porte,
Cheull' fameuss' Madam' Putiphar [1],
Qui r'tient Joseph, pou' n' point qu'i sorte.
Mais li, veut s'in aller sans r'tard.
In veyant les biaux yeux d' cheull' femme,
S' biell' tournure et s'n air amiteux,
Comm' malgré mi, j' di' in mi-même :
Ah ! qu' Joseph étot vertueux !

  Ah ! qu'on vot là, etc.

On y vot l'hercul' des hercules,
Qu'on appélot Monsieur *Samson* [2] ;
Bélisaire [3], l' roi des avules,
Et l' grand jug' de paix *Salomon* [4].
Samson r'présinte eun' drôl' d'affaire.
N'aïant ni fontain', ni gob'let,
I trouv' moyen d' boire l'iau claire,
Avec eun' machoir' de baudet.

  Ah ! qu'on vot là, etc.

Un *p'tit mendiant* [5] faijant s' toilette,
Dins les coutures d' ses habits,
Cache après chin qu'on trouv' su' l' tiête
Des infants, quand i sont tout p'tits.

---

[1] N° 48 du catalogue. *La chasteté de Joseph*, de Lionello Spada
[2] N° 193. Samson, par Alphonse Colas.
[3] N° 428. *Bélisaire demandant l'aumône*, de David, Louis.
[4] N° 321. *Le jugement de Salomon*, de Jean-Baptiste Wicar.
[5] N° 18. *Le jeune Mendiant*, de Murillo, copie de Souchon.

J'ai biau m' dire qu' ch'est eun' peinture,
Et m' donner tout's sortes d' raisons,
Quand j' vos ch' portrait, je r'sins, j' vous l' jure,
Su' tout l' corps des démaingeaisons.
   Ah ! qu'on vot là. etc.

Tout d'puis qu' l'homme existe, il indêve,
Pus souvint qu'i n' veut, contre l' sort.
Aussi l' père *Adam* et s' femme *Eve*[1],
Sont tristes d' vir leu garchon mort.
Pour des père et mèr', queull' secousse !..
Mais j'obli' d' dir' que ch' tableau-là,
Nous apprind qu' Eve étot fort rousse,
Mais point tant que m' sœur Célina.

   Ah, qu'on vot là, etc.

Tout près d'eune espèce d' gloriette,
Tros gross's femm', à l'air païsan,
Eun' blonde, eun' chataine, eun' brunette,
Sont là dins l' vrai costum' d'Adam.
Un jour que j' faijos des grimaces,
Veyant chés femm's trop sans façon,
Quéqu'un m'a dit : « *Ch'est les Tros-Grâces*[2]. »
— On n' peut disconv'nir qu'ell's le sont.

   Ah ! qu'on vot là, etc.

Mais v'là l' *Tentation d' Saint-Antoinne*[3].
Jugez, mes gins, si ch'est bien fait :
D'abord, un gros diable, à l'air coinne,
S'amuse à juer du flageolet ;

---

(1) N° 172. *Adam et Eve trouvant Abel mort*, par Léon Bonnat.
(2) N° 131. Attribué à Rubens.
(3) N° 146. Par David Téniers, le jeune.

Un aut', sur un pichon qui vole,
Tient dins s' griffe eun' manche à ramon ;
Des aute', à l' mine incor pus drôle,
Du saint faitt'nt indêver l' cochon.

  Ah ! qu'on vot là, etc.

Tout près d'eun' vielle à vilain' mine,
Saint-Antoinne a l'air tout chagrin.
Eun' dame (on crot qu' ch'est Proserpine),
Li présinte un bon verr' de vin.
Ell' fait des moumours, des manières,
L' diable et sin train, pour mieux l' tenter,
Mais li, l' malin, dit ses prières,
Cha suffit pour li résister.

  Ah ! qu'on vot là, etc.

Après tout cha, vous povez m' croire,
Pour tous les vrais lillos, l' pus biau,
Ch'est les tros grands tableaux d'histoire
Faits par les deux peintres Watteau.
De l' *Procession*[1], chaq' confrérie,
M' donne à réfléchir un moumint ;
J' ris d' bon cœur in veyant l' *Brad'rie*[2] ;
Je m' ringorge au *Bombardemint*[3].

Ah ! qu'on vot là des biaux tableaux !
  Ah ! qu'i sont biaux !   Bis.
  Ah ! qu'i sont biaux !

---

(1) N° 315. *La procession de Lille en 1780*, par François Watteau.
(2) N° 316. *La Braderie*, du même.
(3) N° 312. *Le siége de Lille en 1792*, par Louis Watteau.

RITIN L'TAPIN.

Air nouveau de l'auteur.

(Noté N° 6).

Min grand'père étot tambour-maîte,
Et min père étot tambour.
Tant qu'à mi, sur eun'quartelette,
Infant, j'm'exerços chaqu' jour
A batte : aux champs, la charg', la r'traite...
Si bien qu'de m'vir si malin,
Mes voisins, les gins de l'Plachette,
M'ont donné l'nom-j'té d'Tapin.

    V'là l'histoire,
    Facile à croire,   Bis.
    Du p'tit Ritin,
    L'Tapin !

Balin, Lacave et La Boutelle,
Chés tros tambours si fameux,
Qu'on cite encor comme eun'mervelle,
Car chacun d'euss' fait l'bruit d'deux,
Sont v'nus juger min savoir-faire.
Quoiqu' trannant, j'ai réussi...
Quand chés gins m'ont r'connu confrère,
J'ai cru morir de plaisi.

V'là l'histoire,
Facile à croire,
Du p'tit Ritin,
L'Tapin !

Comm' tambour dins l'Gard'-Nationale,
J'intre et me v'là tout heureux,
Car, à chaqu' service, on m'régale,
A boire, à mainger, rien de mieux.
Un tour de garde est eun' bonn' veine,
Qui rapporte jolimint.
Aussi, d' l'armée, un capitaine
N'gaingnot point, tant qu'mi, d'argint.

V'là l'histoire,
Facile à croire,
Du p'tit Ritin,
L'Tapin !

Hélas ! un jour, queull' triste affaire !
Pus d'Gard'-National', me v'là
Su' l'pavé, sans savoir quoi faire.
Qui povot s'attinde à cha !
A ch'l occasion-là, j'ai vu rire
Des gins pindant pus d'huit jours,
Mais j'cros que j' n'ai point b'soin d'vous dire
Que ch'n'étot point des tambours.

V'là l'histoire,
Facile à croire,
Du p'tit Ritin,
L'Tapin !

Aussitôt cheull' triste avinture,
De m'vir ainsi dins l'arlat [1],
Garchon, j'aros couru, j'vous l'jure,
M'ingager pour êt' soldat :
Mais, marié, avec des mioches,
N'y-avot point moyen d'bouger...
Faut' de mieux, j'm'ai mis marchand d'oches,
Pou n' n'avoir un à ronger.

   V'là l'histoire,
   Facile à croire,
   Du p'tit Ritin,
    L'Tapin !

J'n'ai point laiché là mes baguettes,
J'm'in sers souvint, Dieu merci,
Dins des confréries d'arbalètes,
Et d'tireu' à l'arc aussi ;
Tambour battant quand j'les trincbale,
In parti'-bleusse, in combats [2],
Je m'rappelle l'Gard'-Nationale...
Ch'est l'mêm' chic d'aller au pas.

   V'là l'histoire,
   Facile à croire,
   Du p'tit Ritin,
    L'Tapin,

---

(1) Dans la gêne, dans l'embarras.

(2) *Combat et partie-bleusse*. Le *Combat* est une partie d'honneur engagée, après défi, entre deux sociétés d'arc, d'arbalète, de boule, etc. — La *partie-bleusse* est aussi une sorte de combat qui a lieu entre les membres les plus adroits de deux confréries ou sociétés. Mais ici les combattants agissent individuellement et, par suite, quelle que soit l'issue de la lutte, *l'honneur* de la compagnie n'est nullement compromis.

Chaque ainnée aussi j'ai d'l'ouvrage,
Et min tambour roule incor,
Pour conduir', gaimint, d'leu villache,
Des jeun's garchons tirer l'sort.
Malgré mes quarante ans su' m'tiête,
Malgré mes ch'veux poivre et sé,
Un grand liméro su' m'casquette,
Pour un conscrit m'fait passer.

   V'là l'histoire,
   Facile à croire,
   Du p'tit Ritin,
    L'Tapin!

Au carneval, j'ai pour pratique
Eun' société d'bons lurons,
Qui n'connot que m'caiss' pour musique,
Quand elle veut vind' des canchons.
Avec min déguis'mint d'tartare,
De m'vir prope comme un lapin,
J'n'ai point b'soin d'vous dir' si je m'carre..
Le roi n'est pus min cousin!

   V'là l'histoire,
   Facile à croire,
   Du p'tit Ritin,
    L'Tapin!

          Lille. L. Danel.

MIMILE AU MUSÉE

P Aus-si vrai que j'm'ap-pell' Mi-mi-le, Malgré qu'j'ai pas-sé quarante ans, J'ai vi-si-té l'biau mu-sée d'Lil-le, Pou'l'premièr' fos, n'y a point longtemps. A ch't-heur, ch'est un aut'pair' de manches, Ch'lindrot m'a tell'ment pri' au glu, Qu'j'y pass' deux heurs'tous les di-manches, Pour mi rat-tra-per l'temps per-du. Ah! Qu'on vot là des biaux tàbleaux! Ah qu'i' sont biaux! Ah qu'i' sont biaux! Ah Qu'on vot là des biaux ta-bleaux! Ah qu'i' sont biaux! Ah Qu'i' sont biaux!

RITIN L'TAPIN.

LA RETRAITE EN MUSIQUE.

Air nouveau de l'auteur.

(Noté N° 7.)

Eun' réjouissance à peu d' frais,
　　Ch'est la r'traite in musique ;
On y pass' des moumints bien gais,
　　Aussi j' n'y manqu' jamais.
　　　　Richards, marchands,
　　　　Vieillards, infants,
　　Brav's ouveriers d' fabrique,
Soldats, servante' et p'tits commis,
　　S'y trouv'tent réunis.
　　J'm'in vas tacher d' vous faire
　　L' tableau vrai de ch'l affaire.
Après, si j'ai réussi,
Gaîmint vous répèt'rez comm' mi :

　　Vraimint la r'traite in musique,
　　　　Ch'est comique.
　　Pour avoir du plaisi,
　　　　Allons-y !

Ch'est à huit heur's qu'on dot qu'mincher,
I n'est qu' siept heure' et demie.
Déjà vous veyez s'approcher,
Et tout douch'mint s'placher,
Pour intind' mieux,
Des jeun's, des vieux...
Mais, v'là l' plach' bien garnie !
Les musiciens sont arrivés,
Et su' l' grand'gard' montés.
Chaq' musicien s'apprête,
Les yeux fixés su' l' maîte,
Qui, tout d'abord, donne l'ton
Et marque l' mesur' sans baton.

Vraimint la r'traite in musique,
Ch'est comique.
Pour avoir du plaisi,
Allons-y !

Au premier cop d' gross' caisse, on vot
S' réjouir chaq' figure...
Heureux d' fair' vir qu'i s'y connot,
Pus d'un, qui bavardot,
Acoute... et puis
Donne s'n avis ;
Avé s' tiêt' bat l' mesure...
Un aut', qui s' vant' d'avoir du goût,
S' permet d' critiquer tout.
Mais l' critique est facile...
Comme on rit de ch' basile !
Sitôt qu'on intind qu'il a
Pri' eun' valse pour eun' polka !

Vraimint la r'traite in musique,
Ch'est comique.
Pour avoir du plaisi,
Allons-y !

On continu' par eun' polka,
    Eune ouverture ancienne ;
Un pot-pourri, eun' mazurka,
    Eun' biell' varsovienna.
        On jue après
        Des pas r'doublés,
    Eun' joyeuss' tyrolienne,
Un grand galop, un p'tit duo,
    Infin, un boléro.
    Pou' l' bouquet, un quadrille
    Fait su' des airs de Lille...
D'un vrai plaisi l'cœur bondit,
On cante avec, on applaudit ! ! !

    Vraimint la r'traite in musique,
        Ch'est comique.
      Pour avoir du plaisi,
        Allons-y !

L'heur' sonn' ! ch'est au tambour-major,
    A ch't heure à juer sin rôle.
On vot ch'l homm' tout galonné d'or,
    Aussi rar' qu'un ténor,
      Avec sin baton,
      (Un gros jonc
      Qui rimplache l' parole),
Aussitôt donner l' command'mint
    D'un superbe roul'mint.
    Des clairons d'infant'rie,
    Trompettes d' caval'rie,
S' faitt'nt entind' chacun leu tour,
Mais l' dernier mot reste au tambour.

    Vraimint la r'traite in musique,
        Ch'est comique.
      Pour avoir du plaisi,
        Allons-y !

Tambours battant, musiqu' juant,
  On s' met bien vite in route,
A la badin', par vingt, s' tenant,
  Parlant, criant, cantant.
    On est pressé,
    On est poussé,
  Infin, ch'est eun' déroute.
Heureux quand on est, d' là, sorti,
  Sans meimbre démoli.
    On arrive à l' caserne...
    Pus d'un intre à l' taverne.
  Les aut's, gais comm' des pinchons,
S'in r'tourn'nt in cantant des canchons.

  Vraimint la r'traite in musique,
    Ch'est comique.
    Pour avoir du plaisi,
      Allons-y !

    Queu drôle d'effet
    Que l' musiqu' fait !
  Elle donne à l'un l'tristesse;
A l'aute, elle donn'ra de l' gaîté,
  De l' sinsibilité.
    Par elle, un garchon
      Bon luron,
    Sint qu'il a de l' tendresse
Pour eun' fill' qui, ni l' jour, ni l' nuit,
  A sin cœur n'a rien dit.
    On dit qu' pus d'eun' fillette,
    Arrivan' à la r'traite,
  Joyeusse et tout sautillant,
Rintre à s' maison in soupirant.

  Vraimint la r'traite in musique,
    Ch'est comique.
    Pour avoir du plaisi,
      Allons-y !

GAYANT.

Air national de Douai [1].

(Noté N° 8.)

HOMMAGE AUX ENFANTS DE GAYANT.

Je m' rappelle qu' dins min jeune ache,
J'avos pour compagnon fort gai,
Un garchon in apprintissache
A Lill', quoiqu'il étot d' Douai.
Heureux, comm' chés bons vieux soldats
Rapp'lant leus victoir's, leus combats,
I parlot souvint d' sin pays,
De s' biell' fiête et dijot toudis :

[1] Cet air a été, dit-on, composé en 1775, par le sieur *Lajoie* (un nom prédestiné), grenadier et maître de danse au régiment de Navarre ou d'Auvergne. Primitivement il n'avait point de refrain. Il se composait uniquement de quatre mesures sans réponse (deux vers) et de quatre autres mesures avec réponse (quatre vers), soit de douze mesures (six vers) en tout. Nous croyons que c'est en 1801, époque à laquelle « *on a rajeuni chell' vieill' canchon* », comme dit M. Dechristé dans ses *Souv'nirs d'un homme d' Douai*, qu'on y ajouta le refrain maintenant si connu de :
  Turlututu Gayant........
  Turlututu Gayant pointu.

On y introduisit aussi, nous ne savons à quelle époque, une ritournelle en majeur et à six-huit. Elle est devenue tellement populaire qu'elle fait, pour ainsi dire, partie de l'air lui-même. On la trouve dans la plupart des morceaux arrangés sur ce thème, notamment dans le charmant quadrille de M. Charles Choulet intitulé : *La Famille Gayant*.

Nous avons donc cru devoir composer notre refrain sur les deux ritournelles ci-dessus citées. Enfin, pour donner plus de développement à nos couplets, ainsi qu'une rime à la syllabe muette qui termine le premier vers, nous avons doublé les quatre premières mesures. Cette modification n'altère, d'ailleurs, en rien le caractère de l'air désormais célèbre de *Gayant*.

« Ah! mes amis, qu' ch'est eun' biell' fiête!
Qui n'a point vu cha, n'a rien vu.
Pou' s' divertir au bal, à l' guinguette,
   Turlututu!
 N'y-a point d' temps perdu. »

V'là comme i racontot s'n affaire :
« On fait cheull' fiête eun' fos par an.
Quoiqu'ell' dure eun' semaine intière,
Elle est trop courte incor, pourtant.
Croyez qu' ch'est l'opinion, mes gins,
Des tros quarts des bons douisiens...
Ah! tant qu'à mi, je n' vodros l' vir
Jamais qu'mincher, jamais finir. »

« Ah! mes amis, qu' ch'est eun' biell' fiête!
Qui n'a point vu cha, n'a rien vu.
Pou' s' divertir au bal, à l' guinguette,
   Turlututu!
 N'y-a point d' temps perdu. »

« Vous connaichez sûr'mint l' famille
D' no grand-pèr', qu'on appell' *Gayant* ?
Tros jours, on l' pourmèn' dins tout l' ville,
Tambour battant, l' père in avant.
A côté d' li, s' femm' *Cagenon*
Et s' mam'zell' qu'on appell' *Fillion*,
Sin fieu *Jacquot* et *tiot Binbin*,
Avec un p'tit molin dins s' main. »

« Ah! mes amis, qu' ch'est eun' biell' fiête
Qui n'a point vu cha, n'a rien vu.
Pou' s' divertir au bal, à l' guinguette,
   Turlututu!
 N'y-a point d' temps perdu. »

« A *tiot Binbin* faut que j' m'arrête,
Su' sin compte j' n'ai point fini,
Car vous vodrez savoir peut-ête,
Pourquoi qu'on l' l'appell' *tiot Tourni*.

V'là les motifs qu'on m'a donnés :
Ch'est qu'il a les yeux mal tournés... —
Pour cheull' raison, ch' petit nounou,
A Lille, arot l' nom j'té d' berlou. »

» Ah ! mes amis, qu' ch'est eun' biell' fiête !
Qui n'a point vu cha, n'a rien vu.
Pou' s' divertir au bal, à l' guinguette,
      Turlututu !
N'y-a point d' temps perdu. »

« Quand on vot sortir du musée,
Cheull' famille in costum' brillant,
On tir' les cloque' à l' grand' volée,
L' carillon ju' *l'air de Gayant.*
Air connu, vrai comme j' vous l' dis,
Des musiciens d' tous les pays,
Et qui donne à nos gins d' Douai,
In toute occasion l' cœur bien gai. »

« Ah ! mes amis, qu' ch'est eun' biell' fiête !
Qui n'a point vu cha, n'a rien vu.
Pou' s' divertir au bal, à l' guinguette,
      Turlututu !
N'y-a point d' temps perdu. »

» Et d'puis l' matin jusqu'à la brune,
Avecque *l' sot des calonniers*, (1)
In mêm' temps que l' biell' *Reue d' Fortune*, (2)
Gayant pass' dins tous les quartiers.
Pour admirer ch' roi des géants,
Chacun ouvre ses yeux tout grands.
Li, ses infants, et *Cagenon*,
Point fiers, dans'nt un biau rigodon. »

(1) Ainsi que l'indique notre gravure, le *Sot des Canonniers* remplit dans le *Cortége de Gayant* le rôle que jouait autrefois à Lille, dans les fêtes publiques, le *Sot de la ville*.

(2) Le personnage étant douaisien, nous écrivons ces mots : *Reue d' Fortune,* tels que nous les trouvons orthographiés dans les « *Souv'nirs d'un homme d' Douai.* » En patois lillois, ce vers devrait être construit comme suit :
    Ainsi que l' biell' *Reulle d' Fortune.*

» Ah! mes amis, qu' ch'est eun' biell' fiête!
Qui n'a point vu cha, n'a rien vu.
Pou' s' divertir au bal, à l' guinguette,
   Turlututu!
N'y-a point d' temps perdu!

» A ch' moumint là, n'y-a pus d' gins chiches.
Queull' bonne affair' pour les marchands!
Car un chacun, pauvres comm' riches,
Veut s' donner quéq's jours de bon temps.
On s' régal' tertous d' bons morciaux,
Sur chaq' table on vot des gâtiaux.
On consomme assez d' bière et d' vin
Pour fair' tourner pus d'un molin. »

» Ah! mes amis, qu' ch'est eun' biell' fiête!
Qui n'a point vu cha, n'a rien vu.
Pou' s' divertir au bal, à l' guinguette,
   Turlututu!
N'y-a point d' temps perdu. »

Ah! l' gai compagnon de m' jeunesse
In dijot, là-d'sus, bien pus long.
Chacun d'nous l' l'acoutot sans cesse,
Tell'mint qu'il y mettot de l'action.
J'ai vu, mi-même, d'puis longtemps,
Cheull' fiête, in vrai Roger-Bontemps;
Ell' m'a donné tant d'agrémint,
Qu' pour min compte j' dis bien souvint :

Ah! mes amis, qu' ch'est eun' biell' fiête!
Qui n'a point vu cha n'a rien vu.
Pou' s' divertir au bal, à l' guinguette,
   Turlututu!
N'y-a point d' temps perdu.

LILLE. L. DANEL.

GAYANT

HUE DADA !

CANCHON SAUTOIRE (1)

Air nouveau de l'auteur (2).

(Noté N° 9.)

Mais quoich' que t'as donc., Mad'leine,
A braire ainsi, p'tit chouchou?
Allons viens! pour passer t'peine,
Faire à dada su' min g'nou.
Su' ch'temps-là, bonn' petit' mère,
(Comm' nous allons l' l'attraper)!
Indormira tin p'tit frère,
Et porra faire à souper.

Hu' dada! hu' dada!
Su' l'petit q'va d'sin papa.
Il a tant maingé d'aveine (3),
Qu'il a tout perdu s'n haleine....
Hu'! hu'! hu'! hu'! dada!!!

(1) MM. les chanteurs voudront bien remarquer que ces couplets doivent, autant que possible, être dits par une personne assise et munie d'une poupée (*Mad'leine*) qu'il s'agit de faire aller à *dada* sur un genou à chaque refrain.

(2) Cette formule ne s'applique qu'au couplet. L'air du refrain existe probablement depuis plusieurs siècles et la plupart de nos lecteurs l'ont certainement déjà chanté ou entendu chanter, soit avec les paroles que nous adoptons, soit avec d'autres ayant le même sens.

(3) Le mot *aveine* pour *avoine* est encore généralement employé par nos villageois. A Lille, la prononciation de ce mot, n'est ni *aveine*, ni *avoine* : elle tient des deux sons combinés. Nous écrivons *aveine* pour conserver au vieux refrain de *hu' dada!* son caractère primitif.

Surtout, n'aïons point d' colère,
Et n'donnons pus tant d'tracas.
Faijons bien vite, à pépère,
Eun' biell' babache à grands bras.
Sans cha, monsieur Croq'-Mitaine,
Qui n'rit qu'tout juste, arriv'ra,
Et si s'prijon n'est point pleine,
Bien vite i t'y rinserr'ra.

    Hu' dada ! hu' dada !
Su' l' petit q'va d' sin papa.
Il a tant maingé d'aveine,
Qu'il a tout perdu s'n haleine....
    Hu' ! hu' ! hu' ! hu' ! dada !!!

Au contraire, si t'es bien sache,
A deux, dimanch', nous irons
Acater eun' bielle imache....
Dins pus d' chint nous queusirons.
T'aras l' drot d' prinde l' pus bielle :
Malbrouck, Monsieur Dumolet,
Barbe-Bleuss', Cadet-Rousselle,
Mêm' *l'histoir' du P'tit-Poucet.*

    Hu' dada ! hu' dada !
Su' l' petit q'va d' sin papa.
Il a tant maingé d'aveine,
Qu'il a tout perdu s'n haleine....
    Hu' ! hu' ! hu' ! hu' ! dada !!!

Et même aussi, te peux croire,
Min p'tit quin, min p'tit nounou,
Qu'on n'attindra point la Foire,
Pou' t'donner eun' biell' catou.

Cheull' catou n' sara point dire,
Bien sûr, *papa* ni *manman;*
Ell' n'ara point s' tiête in chire.....
Bah ! te l' l'aim'ras tout autant.

   Hu' dada ! hu' dada !
Su' l'petit q'va d' sin papa.
Il a tant maingé d'aveine,
Qu'il a tout perdu s'n haleine....
   Hu'! hu'! hu'! hu'! dada!!!

Cheull' catou s'ra biell', Mad'leine,
Quand elle ara les habits,
Qu'avec des fouffes, t' marraine
Li f'ra, comme ell' l'a promis.
Mi, j' te donn'rai, sos in sûre,
Un p'tit cado(1), pou' l' l'assir,
P'ou' l' fair' marcher, eun' cheinture(2),
Eun' berche(3) pou' l' l'indormir.

   Hu' dada! hu' dada!
Su' l' petit q'va d'sin papa.
Il a tant maingé d'aveine,
Qu'il a tout perdu s'n haleine....
   Hu'! hu'! hu'! hu'! dada!!!

Espérons qu'à sin passache
Dins no' vill', Saint-Nicolas
T' f'ra présint d'un p'tit ménache,
Aïant d' tout, comm' te l' verras.

(1) Petite chaise à bras.
(2) Ceinture à bretelles.
(3) Bercoau.

Des verr's, des tass's, des assiettes,
De fourchette', un p'tit charlet,
Des p'tits coutiaux, des serviettes,
Avec des *ronds*, s'i vous plaît.

Hu' dada! hu' dada,
Su' l'petit q'va d'sin papa.
Il a tant maingé d'aveine,
Qu'il a tout perdu s'n haleine...
   Hu'! hu'! hu'! hu'! dada!!!

Mais l'petit dada d' pépère
Est lasse, i veut s'arrêter.
Incore pus d'eun' fos, j'espère,
I vodra bien t' fair' sauter.
Pour à ch't heur', min p'tit mioche,
Nous allons boir' du lolo,
Gra'-Mère à poussière(1) approche....
Il est temps d'aller dodo.

Hu' dada! hu' dada!
Su' l'petit q'va d'sin papa.
Il a tant maingé d'aveine,
Qu'il a tout perdu s'n haleine....
   Hu'! hu'! hu'! hu'! dada!!!

---

(1) Personnage imaginaire de la famille de *Croque-Mitaine* et dont la mission est censée d'endormir les enfants en leur jetant de la poussière aux yeux.

HOMMAGE AUX ENFANTS DE MARTIN.

Couplets chantés à Cambrai, le 8 novembre 1868, dans un concert donné par la société *L'Union-Chorale* de cette ville.

Air de la ronde populaire de Martin et Martine,
par Eugène Bouly, de Cambrai.

(Noté N° 10.)

J'ai d' l' amitié pour les garchons d' Martin,
J'ai d' l' amitié pour les filles d' Martine,
    Tin, tin, tin, tin!
    Tine, tine, tine!
J'ai d' l' amitié pour chés infants d' Martin.

Un biau jour, un homme a v'nu m' dire :
« A Cambrai vous ête' attindu ».
Quoique j' n'avos point l' cœur à rire,
Tout aussitôt j'ai répondu :

J'ai d' l' amitié pour les garchons d' Martin,
J'ai d' l' amitié pour les filles d' Martine,
    Tin, tin, tin, tin!
    Tine, tine, tine!
J'ai d' l' amitié pour chés infants d' Martin.

Aussi, sans m'fair' tirer l'orelle,
L'moumint v'nu, j'm'imbarque in wagon,
Joyeux comme eun' gai' ritournelle,
Qu'à l'ducasse on ju' su' l'violon,

Pour aller r'vir chés bons garchons d'Martin,
Pour aller r'vir chés biell's filles d'Martine,
   Tin, tin, tin, tin!
   Tine, tine, tine!
Pour aller r'vir tous chés infants d'Martin.

Et me v'là, j'arrive au pus vite,
Comme un pinchon, prêt à canter.
Heureux si vous trouvez trop p'tite,
L'canchon que j'viens vous apporter.

J'ai de l'gaîté pour chés garchons d'Martin;
J'ai de l'gaîté pour chés filles d'Martine,
   Tin, tin, tin, tin!
   Tine, tine, tine!
J'ai de l'gaîté pour chés infants d'Martin.

J'vous dirai *Mimi l' Cabar'tière,*
Les Grands-Père' et l'Cousin Myrtil.
Cha m'f'ra plaisi, dins cheull' dernière,
Si j'vous intinds dir' : « *Qu'il a l' fil !* »

Pour réjouir chés bons garchons d'Martin,
Pour réjouir chés biell's filles d'Martine,
   Tin, tin, tin, tin!
   Tine, tine, tine!
Pour réjouir tous chés infants d'Martin.

J' vous racont'rai pus d'eune histoire,
J' rappell'rai pus d'un vieux souv'nir,
Et si je r'dis *l'Canchon-Dormoire*,
J' tach'rai de n' point vous indormir.

J'ai chint couplets pour chés garchons d' Martin,
J'ai chint couplets pour chés filles d' Martine,
  Tin, tin, tin, tin !
  Tine, tine, tine !
Deux chints couplets pour chés infants d' Martin.

On a dit qu' su' vos père et mère,
Les Martins d' l'horloche d' Cambrai,
J'ai des couplets....(1) Non, j' vas les faire,
Et j' les cant'rai quand je r' viend'rai,

Certain qu'alors les bons garchons d' Martin,
Certain qu'alors les bonn's filles d' Martine,
  Tin, tin, tin, tin !
  Tine, tine, tine !
Applaudiron' et répèt'ront le r'frain.

---

(1) M. A. Durieux, l'un des auteurs du livre si intéressant des « *Chants et Chansons populaires du Cambresis,* » avait écrit ce qui suit dans *L'Industriel* du 4 novembre, en annonçant la participation de l'auteur audit concert : « Je crois être l'interprète de tous les vrais cam-
» bresiens en priant M. Desrousseaux de saisir l'à-propos qui lui est
» offert de célébrer, au milieu de leurs enfants, *Martin et Martine,* qui,
» me dit-on, ont exercé la verve du chansonnier du Nord. »

Mais, je l' sins, il est temps qu' j'arrête,
A vous parler d'mi, j' vous tiens là,
Et min jargon déplaît..... peut-ête !...
Ah ! surtout, ne m'dit's jamais cha,

Et j' conserv'rai pour chés garchons d' Martin,
Et j' conserv'rai pour chés filles d' Martine,
  Tin, tin, tin, tin !
   Tine, tine, tine !
Dins min souv'nir et min cœur un p'tit coin.

CHANSONS & PASQUILLES LILLOISES
par Desrousseaux.

MARTIN & MARTINE

SOCIÉTÉ DES MAFLANS

Ed. Buldoduc   Lith. Buldoduc frères, Lille

LES CHANSONS DU CARNAVAL

5ème VOLUME   6me LIVRAISON   15 CENTIMES

LES CHANSONS DU CARNAVAL.

Air de : Un homme né coiffé (3ᵉ vol.)

(Noté Nº 11).

I s' fait dins l' bonn' vill' de Lille,
Chaq' jour tant d' couplets si biaux,
Qu'il est fièr'mint difficile
D' trouver des sujets nouviaux.
Pour aujord'hui j'ai m'n affaire :
Les Canchons du Carneval,
Vont prouver que l' caractère
Des gins d' Lille est fort jovial.

Les canchons du Carneval,
    On peut l' dire,
      Cha fait rire ;
Les canchons du Carneval,
Pour mi, ch'est un vrai régal.

Ch'est des ouveriers d' fabrique,
Des francs, des joyeux chochons,
Trouvant, sur tout, l' point comique,
Qui compos'tent chés canchons.
Pus d'eun' fos, j'ai laiché dire
Qu'il arrive assez souvint,
Que l' *poète* n' sait point lire...
Cha n'impêch' point l' sintimint.

Les canchons du Carneval,
    On peut l' dire,
      Cha fait rire ;

Les canchons du Carneval,
Pour mi, ch'est un vrai régal.

Souvint l'auteur dit s'n histoire :
I nous parle tour à tour,
S'il est vieux soldat, de l' gloire,
Et s'il est jeune, d' l'amour ;
S'il est marié, d' sin ménache,
Et si s' femme a queq' défaut,
N'allez point croir' qu'i l' ménache :
I li r'proche et comme i faut.

Les canchons du Carneval,
  On peut l' dire,
  Cha fait rire ;
Les canchons du Carneval,
Pour mi, ch'est un vrai régal.

S'il arrive eune' mod' nouvielle ;
Dins les coutume', un cang'mint ;
L'annonce, au ciel, d'eun' mervelle ;
Eun' gloir' pou' l' gouvernemint ;
Un grand malheur, eun' biell' fiête,
Des guerr's, des révolutions,
Eun' femm' qui s' brûle à s' vaclette...
Tout cha s' trouv' dins chés canchons.

Les canchons du Carneval,
  On peut l' dire,
  Cha fait rire ;
Les canchons du Carneval,
Pour mi, ch'est un vrai régal.

On y fait, ch'est l' pus cocasse,
Les portraits des gins curieux :
Du malin, comm' du bonnasse,
Du lusot, du manoqueux ;
Du p'tit rintier à tarteinnes,
Du pana, du ru-tout-ju,
Des camanett's, des cath'laines,
Du graingnard et du nunu.

Les canchons du Carneval,
    On peut l' dire,
    Cha fait rire ;
Les canchons du Carneval,
Pour mi, ch'est un vrai régal.

On y dépeint nos biell's fiêtes,
Qui donn'tent tant d'agrémint,
A chés garchons, chés fillettes,
Qui n'ont point connu l' tourmint ;
On y parle de l' Brad'rie,
Du Parjuré, du Broqu'let,
Et ch'est si vrai, sans flatt'rie,
Qu'un chacun crot qu'il y est.

Les canchons du Carneval,
    On peut l' dire,
    Cha fait rire ;
Les canchons du Carneval,
Pour mi, ch'est un vrai régal.

Désirant juer des rôles,
On s' déguise on n' peut point mieux,

Pour dir' chés canchons si drôles.
Aussi ch'est vraimint curieux
D'vir eun' bergère, eun' princesse,
Un général, un imp'reur,
Un arlequin, eun' déesse,
Canter l' jargon d' Saint-Sauveur.

Les canchons du Carneval,
    On peut l' dire,
    Cha fait rire ;
Les canchons du Carneval,
Pour mi, ch'est un vrai régal.

Sans façon, chaq' personnache,
Jusqu'à l'imp'reur du Pérou,
Donne eun' canchon et s'n imache,
Drôle aussi, pour un p'tit sou.
Avec un sou, povoir faire
Eun' tell' provision d' gaîté !
Vous l' direz comm' mi, j'espère :
Ch'est point quer, in vérité.

Les canchons du Carneval,
    On peut l' dire,
    Cha fait rire ;
Les canchons du Carneval,
Pour mi, ch'est un vrai régal.

MARTIN ET MARTINE,

LÉGENDE CAMBRESIENNE (1)

Dédiée à M. Achille Durieux, Membre de la Société d'Emulation de Cambrai.

Air de Petit-Price et Marianne Tambour (3ᵉ vol.)

(Noté Nº 12).

Dins pus d'un vieux live, on raconte
L'histoir' de Martine et Martin.
Un auteur prétind qu' ch'est un conte,
L'aute affirme qu' ch'est bien certain.
Croyant, comme on dit dins m' province,
Qu'i n'y a jamais d' feumé' sans fu,
J' vous dirai là-d'sus chin que j' pinse :
J'y cros tout comm' si j'avos vu.

    V'là, vous povez m' croire,
    Rien n'est pus certain,
    L' véritable histoire
    D' Martine et Martin.

Cambrai, bielle et bonn' vill' qu'on r'nomme,
Au biau temps d' l'imp'reur Charles-Quint,
Avot pour prijonnier, un homme
Tout noir, un guerrier africain.
A l' même époqu', vivot Martine,
Fill' d'un grand seigneur du pays.

---

(1) Voir *Les Sept Merveilles du Cambrésis*, par M. Henri Carion.

N'y-avot point s' parell' pou' l' biell' mine
Et l' bon cœur, dins tout l' Cambrésis.

    V'là, vous povez m' croire,
    Rien n'est pus certain,
    L' véritable histoire
    D' Martine et Martin.

L'africain s' rappélot s' famille,
Sin biau pays et s' liberté.
Aussi, quand i parcourot l' ville,
I n'avot point l'air in gaîté.
Mais l' monde, hélas! que rien n'arrête,
Sans s'attendrir su' sin chagrin,
Dijot : « Ch'est un ours !... » Tiens ! peut-ête,
Ch'est pour cha qu'on l' l'appell' Martin.

    V'là, vous povez m' croire,
    Rien n'est pus certain,
    L' véritable histoire
    D' Martine et Martin.

L' maurien a rincontré Martine,
Et, pour ell', sin cœur a battu.
Ell', bien lou d' li fair' méchant' mine,
Vite, à s'n amour, a répondu.
Si riche et si biell' ! cha fait rire,
Car ell' povot queusir ailleurs....
On n' disput' point, ch'est l' cas de l' dire,
Sur les goûts, ni sur les couleurs.

    V'là, vous povez m' croire,
    Rien n'est pus certain,
    L' véritable histoire
    D' Martine et Martin.

Quand on a su qu' cheull' biell' chrétienne
Avot d' l'amour pour un payen,
Pus d'eun' méchant' gin a dit l' sienne :
« I faut punir, cha l' mérit' bien. »
Au crim' désirant m'surer l' peine,
Tous les juges d' l'Inquisition
Ont ruminé toute eun' semaine,
Pour trouver eun' rud' punition.

  V'là, vous povez m' croire,
  Rien n'est pus certain,
  L' véritable histoire
  D' Martine et Martin.

On a tout noirchi cheull' brav' fille,
Et condaimné chés pauv's humains,
A s' tenir su' l'Hôtel-de-Ville
Avec des martiaux dins leus mains
Pour taper l'heur' sur eun' cloquette
Chaq' nuit, chaq' jour, sans décesser.
Queull' cruauté !... Les jours de fiête,
Mi, j' leu-z-arot dit d' se r'poser.

  V'là, vous povez m' croire,
  Rien n'est pus certain,
  L' véritable histoire
  D' Martine et Martin.

Heureus'mint qu'un savant, un moinne,
Et grand mécanicien, mieux qu' cha,
Un jour, pernant pitié d' leu peine,
A dit : « J' m'in vas les tirer d' là. »
Il a fabriqué deux postures,
Portraits crachés d' nos amoureux,
Tant pou' l' maintien, qu' pour les figures,
Et tapant l'heure on n' peut point mieux.

V'là, vous povez m' croire,
Rien n'est pus certain,
L' véritable histoire
D' Martine et Martin.

Si bien qu'eun' nuit, les deux esclaves
Sont vit' partis !... Leus rimplachants,
Qu'on vot d' nos jours, si biaux, si braves
Dins leus costum's, sont si r'semblants,
Que ch' n'est qu' passé pus d'eun' semaine,
Qu'on a, dins l' vill', connu l' départ.
L'inquisition, cheull' méchant' graine,
L'a su quand il étot trop tard.

V'là, vous povez m' croire,
Rien n'est pus certain,
L' véritable histoire
D' Martine et Martin.

Pou' s' réjouir d'eun' telle affaire,
Un grand fu d' joie on a brûlé. (1)
Comme à l' ducass', dins l' ville intière,
Pauv' comm' richard, s'a régalé.
Et d'puis pus d' tros chints ans qu' cha dure,
Des bons Camberlots, l' pur amour,
Pour l'eune aussi bien qu' l'aut' posture,
N'a fait qu'augminter d' jour in jour.

V'là, vous povez m' croire,
Rien n'est pus certain,
L' véritable histoire
D' Martine et Martin.

---

(1) Quand les *Martins* furent faits on brûla un feu de joie. *Les Martins de l'horloge de Cambrai*, par A. Durieux.

LILLE. L. DANEL.

LES CHANSONS DU CARNAVAL

Air de Desrousseaux

MARTIN & MARTINE

Air de Desrousseaux

CHANSONS ET PASQUILLES LILLOISES
PAR DESROUSSEAUX

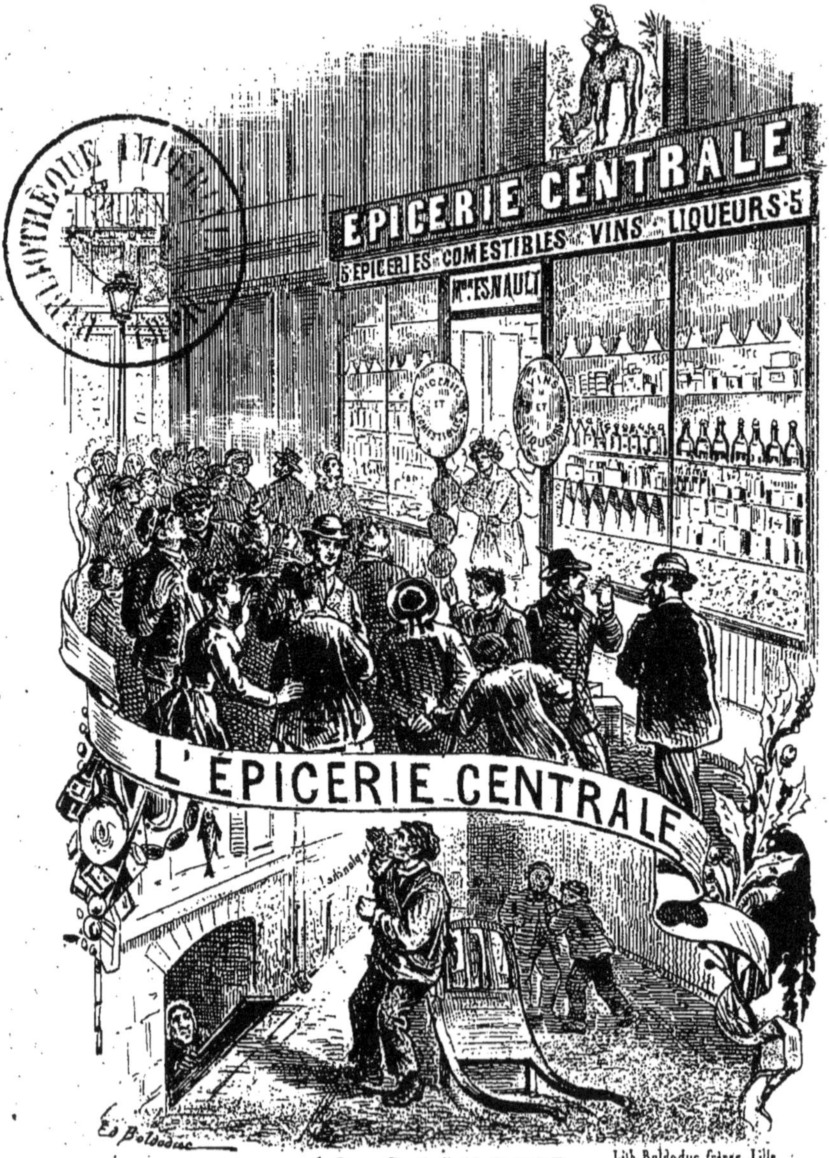

L'ÉPICERIE CENTRALE
LA BROUETTE

Lith Boldoduc frères, Lille

5e VOLUME   7e LIVRAISON   PRIX: 15 CENTIMES

L'ÉPICERIE CENTRALE.

A ÉT. DURAND, CHRONIQUEUR LILLOIS.

Air du Petit Parrain (4ᵉ volume).

(Noté N° 13.)

Nous avons, vraimint,
A deux pas de l' rue Impériale,
  Un établiss'mint,
Comme on n'in trouv'rot point gramint.
  Vous avez d'viné
Que j' parle d' l' *Épic'ri'-Centrale*,
  Magasin r'nommé,
Autant qu'i mérit' d'ête aimé.
  L'homm' qui l' fait marcher,
  Sans jamais clocher,
  N'a sûr'mint point b'soin
De s' faire aider par un voisin.

  On peut dir' que ch'l épicier } *Bis.*
    Connot sin métier.

7ᵉ livraison.

Par *l'Echo du Nord*,
Des affiche' et nos aut's gazettes,
Ch'l homme à l'esprit fort,
Un jour, fait savoir tout d'abord,
Qu'i donn' sin chuc blanc,
Comm' sin chocolat par tablettes,
Presque à la mitan
Du prix que l' vind pus d'un marchand
Les lillos, l' lind'main,
Dins sin magasin,
Allott'nt pleins d'ardeur...
I les avot pris pa' l' doucheur.

On peut dir' que ch'l épicier } *Bis*
    Connot sin métier.

Un jour de marqué,
Deux bons païsans, d'vant s' boutique,
In veyant, marqué,
L' prix d' tout chin qu'i vind, bon marqué,
Ont t'nu ch'raisonn'mint
Qui m' senne incore assez comique.
Le v'là tout bonn'mint :
« Dis donc, Françôs, à m' mod' qu'i mint !
S'i donn' tout pou' rien,
I dot mainger l' sien ? »
Françôs, pus futé,
Dit qu'i s' rattrap' su² l' quantité.

On peut dir' que ch'l épicier } *Bis.*
    Connot sin métier.

On a tant parlé
Du p'tit graissier du bon vieux Lille,
Qui vindot du lait,
Du lait-battu, du p'tit-salé,
Du g'nèv', du carbon,
Des chabots, des ramon' et d' l'huile,
Du fi, du pomon,
Des puns-d'-tierre et du saucisson.
Eh ben! m'n épicier,
A ch' petit graissier,
Rind fièr'mint des points :
I vind l' double d'article' au moins.

On peut dir' que ch'l épicier } *Bis.*
Connot sin métier.

Dins ch' biau magasin
Chacun trouve, in fait d'épic'rie :
Des liqueurs, du vin
D' tous les couleurs, du gros, du fin ;
Tout's sortes d' desserts,
Ainsi qu' dins l' pus biell' pâtiss'rie ;
Dins l' cœur des hivers
Des p'tits pos, des-z-haricots verts ;
Pommade et savon,
Du burr', du gambon ;
Jusqu'à du pichon :
Morue, homard, sardin's, saumon.

On peut dir' que ch'l épicier } *Bis.*
Connot sin métier.

Du p'tit, comme du grand,
A Lille et dix lieue' à la ronde,
Déjà ch' bon marchand,
Est connu tout comme l' loup blanc.
Ch' n'est point sans raison,
Car il a, pour inviter l' monde,
A v'nir à s' mason,
Pus d'un p'tit tour de s'n invintion.
Jusqu'à nous juer,
Pour nous amuser,
L' comédi' gratis,
Et mériter qu'on li cri' : *bis !*

On peut dir' que ch'l épicier } *Bis.*
Connot sin métier.

On vot ch' bon garçhon,
Les dimanche' et les jours de fiête,
Placher d'vant s'mason
Pour mieux dire, au-d'sus d'sin balcon,
Un cadre carré
Et r'couvert d'eun' toil' blanque et nette...
Mais l' leumièr' paraît !
Et d'sus ch' cadre, arriv' comme un trait,
D'abord, un chameau !...
Ah ! rien qu' pou' ch' tableau,
Au vieux temps, min p'tit,
Comm' sorcier on t'arot rôti.

On peut dir' que ch'l épicier } *Bis.*
Connot sin métier.

I fait vir, après,
Un monstre tapant sur eun' caisse ;
Des quien' habillés
In domestique' et bien fic'lés ;
Un biau port de mer
Du pays turc, si ch' n'est point d' Grèce ;
Un grand lion ; l'hiver ;
Un diable grillant dins l'infer,
Et bien d'aut's tableaux,
Presque tertous biaux...
Pus d'un nous apprind
Les prix-courants d' tout chin qu'i vind.

On peut dir' que ch'l épicier } *Bis.*
Connot sin métier.

J' peux bien, si je l' veux,
Dire incor pus d'eun' manigance
De ch' marchand fameux,
Comm' dins l' monde on n'in vot point deux.
Ch'est assez, j' finis
In vous dijant que s' concurrence
A fait, dins ch' pays,
Pus d' bien qu'on n' pinse à nos amis
Les brav's ouveriers,
Car, nos épiciers,
A s'n eximple, ont pris
L' bon parti d' diminuer leus prix.

On peut dir' que ch'l épicier } *Bis.*
Connot sin métier.

LA BROUETTE.

Air : Vive l' Crinoline ! (4ᵉ volume).

(Noté N° 14.)

Un jour, j'ai vu dins l' gazette (1),
Un n' séquoi vraimint curieux :
L'histoire, à Lill', de l' Brouette,
Racontée on n' peut point mieux.
Eune heurette, ell' m'a fait rire
D'un bon cœur, car ch'étot cha.
Aussi, j' vas tacher d' vous l' dire
Espérant qu'on l' répèt'ra.

    Vraimint, dins no ville,
    L' brouette a servi
    D'eun' manière utile...
    Et cocasse aussi.

On dijôt dins cheull' gazette,
Qu'avant, les gros négociants
Avott'nt chacun leu brouette...
Ch'étot l' camion du temps.
Bien moins qu'à ch't heur', nos grands pères
Savott'nt gaingner des écus ;
On n' faijot point tant d'affaires...
Mais point tant d' banqu'rout's non pus.

    Vraimint, etc.

(1) Nous n'avons fait ici que mettre en couplets un intéressant article intitulé *La Brouette*, paru dans *Le Journal du Peuple* du 28 décembre 1864 et signé : A. D.

Les messagers des villaches
Et des bourgs des invirons,
N'avott'nt point d'aut's équipaches
Pou' v'nir fair' leus commissions.
On avot... (mais j'ai dins l' tiête,
Mes gins, qu' vous n' me croirez point),
Des messag'rie' à brouette,
Pour Wasqu'hal, Roubaix, Tourcoing.

    Vraimint, etc.

Tout in parlant de l' brouette,
Des broutteux, j' dos vous parler,
A l' commune, avant de l'l ête,
I faulot s' fair' médailler,
Et puis payer des p'tits verres,
Pour bienv'nue, in quantité,
Sans cha, par tous les confrères
On étot toudis croch'té. (1)

    Vraimint, etc.

Et tous chés joyeux confrères
S' donnott'nt gaîmint des noms-j'tés,
Suivant leus goûts, leus manières,
Leus défauts, leus qualités.
Qui n'a connu *La Poussière,*
Sang-Boulant, Soldat, Bancal,
La Fleur, Gros-Mabré, Pun-d'-Tierre,
Min Roux, La Planche et *Signal?*

    Vraimint, etc.

(1) Crossé, Molesté.

On sait qu' *La Planche* (un vieux brave)!
Les jours qu'il étot fort soû,
Au moumint d' deschinde à s' cave,
Aïant peur de s' casser l' cou,
Criot fort : « La Planche!... » et s' femme
Su' les émontés plachot
Eun' grand' planque... et li, tout blême,
Su' sin... patalon glichot.
    Vraimint, etc.

Comme on m' l'a dit, je l' répète :
Pus d'un broutteu, pris d' boisson,
S'a vu r'conduir' su' s' brouette,
Par un confrère, à s' mason.
Je n' peux point prouver l' contraire...
Dev'nu vieux, l' fameux *Signal*,
S'a vu m'ner de l' mêm' manière,
A l'Hôpita-Général.
    Vraimint, etc.

Infin, toudis dins m' gazette,
J'ai vu qu'un nommé *Pascal*
Est l'inventeu de l' Brouette...
Cha vous est peut-ête égal.
Point mi. Si j' mins qu'on m'assomme,
J' vodros vir un monumint.
Dins Lille, in l'honneur de ch'l homme.
Il l'a mérité, vraimint,
    Car, dins no bonn' ville,
    L' Brouette a servi
    D'eun' manière utile...
    Et cocasse aussi.

Lille-Imp.L Danel

L'EPICERIE CENTRALE

LA BROUETTE

Un jour, j'ai vu dins l'ga-zet-te Un'n sé-quoi vrai-mint cu-rieux : l'histoire à Lille de l'brou-et-te. Ra-con-tée on n'peut point mieux. Eune heu-rette ell' m'a fait ri-re D'un bon cœur, car ch'é-tot cha. Aus-si j'vas ta-cher d'vous l'di-re, Es-pé-rant qu'on l'ré-pèt'-ra.

Vrai-mint, dins no' vil-le, L'brou-ette a ser-vi D'eun' manière u-ti-le, Et co casse aus-si.

Lith. Bolduduc fr. Lille

15 Centimes la Livraison.

CHANSONS ET PASQUILLES LILLOISES
Par DESROUSSEAUX,

5ᵉ VOLUME. — 22ᵉ LIVRAISON.

L'GOHIÈRE.

CHANSON VALENCIENNOISE.

Air de l'auteur.

(Noté. — N° 29.)

A Valincienne', un luron
M'a fait mainger de l' Gohière.
Cré mâtin ! qu' j'ai fait bonn' chère !
Ah ! qu' j'ai trouvé ch' gâtiau bon !
Veyant cha, l' vieux pèr' Narcisse,
S'a mis vite à m' raconter
L'histoire d' cheull' friandisse,
Tell' que j' vas vous l' répéter.

Et v'là l'histoire, in canchon,
  De l' gohière
  Tout intière ;
Et v'là l'histoire, in canchon,
De l' gohière, ch' mets si bon.

Un homme app'lé Raparlier (*)
A mis cheull' bonn' tarte in vogue,
Pa'c' qu'i n' servot point de l' drogue,
Et que ch' fin particulier
Avot, pinsez queull' malice !
Acaté par un biau jour,
Des saints d' bos, hors de service,
Afin d' mieux cauffer sin four.

Et v'là l'histoire, etc.

Et pus tard, quand on s' plaingnot
De l' qualité de s' gohière,
I répondot d'eun' manière.
Qu'au lieu d' bisquer, on riot,
Car, continuant l' carotte
Des saints d' bos, sans s' tracasser,
I dijot : « Ch' n'est point de m' faute,
J' n'avos point d' saints pour l' *pousser*.(**)»

Et v'là l'histoire, etc.

(*) La gohière, qui est mentionnée dans de vieux écrits, notamment par le poète Villon, dans son « Grand Testament », est en usage depuis plusieurs siècles dans le Hainaut français, mais c'est Raparlier qui, sous la Révolution, l'a mise en très grande vogue à Valenciennes. Son établissement, qu'il a cédé à *Grosse-Marie*, était situé au faubourg de Paris. L'époque à laquelle il vivait rend assez vraisemblables les anecdotes concernant le singulier bois qu'il a quelquefois acheté pour chauffer son four et que je reproduis telles qu'elles m'ont été rapportées.

(**) On dit que la gohière, dont la farce est un composé de fromage mou, de fromage de Maroilles et d'œufs, n'est réellement bonne qu'autant qu'elle est convenablement *poussée*, c'est-à-dire gonflée au four comme l'omelette soufflée.

L'établiss'mint d' Raparlier
Passe un jour à Gross'-Marie
Qui connaîchot, sans flatt'rie,
Incor mieux qu' li, sin métier.
In grand' foul' dimanche' et fiêtes,
On y veyot s'attabler
Gins mariés, garchons, fillettes,
Et d' grand cœur s'y régaler.

Et v'là l'histoire, etc.

On avot biau, certain jour,
Vite, y courir quate à quate,
On d'vot là, comme au théâte,
Fair' queu' pour avoir sin tour.
Souvint ni banc, ni cayère,
Dins les gloriette', on n' trouvot ;
I faulot s'assir par tierre....
In pouffant d' rire, on l' faijot.

Et v'là l'histoire, etc.

Mari' n'avot point l' cœur dur,
Mais queull' drôl' de paroissienne!
Si drôl', que dins Valincienne
On n' trouv' pus s' parell', ch'est sûr.

Rien qu'un trait d' sin caractère
Vous l' f'ra connoît' su' tout point :
Elle r'fusot de l' gohière,
A ch'ti qui n' li plaijot point.

Et v'là l'histoire, etc.

A s'n égard, jamais, pourtant
N'y-avot d' concurrenc' possible,
Et, vraimint, ch'est fort risible.
Un d' ses confrèr's, bon marchand,
Qu'on appélot Derombie,
Vis-à-vis d'elle a resté,
Et, malgré s' manièr' polie,
I s'a quasimint ruiné.

Et v'là l'histoire, etc.

Eun' fos des jeun's gins nactieux,
A l' mason de l' Mèr' Lazare,
Trouv'tent qu' leus assiettes (coss' rare ! (*)
N'étott'nt point r'lavée' au mieux.
« Bon ! a répondu l' servante,
A chés muscadins cossus :
Ell's sont prope' assez, j' m'in vante....
Est-ch' qu'eun' langue est resté' d'sus ? »

Et v'là l'histoire, etc.

(*) Chose rare.

A ch't heure, on in trouv' dins tous
Les magasins d' pâtiss'ries,
Et mêm', dins les boulaing'ries,
On peut s'in fournir tertous.
Elle est bonne, elle est bien faite,
Ell' se digèr' facil'mint...
Malgré cha, j' dos l' dire, on r'grette
Cheull' de Gross'-Mari', souvint.

Et v'là l'histoire, in canchon,
      De l' gohière,
      Tout intière,
Et v'là l'histoire, in canchon,
De l' gohière, ch' mets si bon.

LE SAMEDI DANS LE NORD.(*)

PASQUILLE.

J' n'ai jamais vu Monsieur WALLET,
Mais j' sais bien d' queu pays qu'il est,
Et j' gag'ros qu'i fait des études,
Pour bien connoît' les habitudes
Des gins de Flandre, no' biau pays.
I suffit, pour êt' de m'n avis,
D'aller pourmirer l' biell' peinture,
   Si nature,
Qu'il a fait du « *Saim'di dins l' Nord,* »
   Sans effort.

Ch' tableau r'présinte eun' jeun' méquaine,
D'eun' tall' qui dépasse l' moyenne.
Elle a des ch'veux couleur chatain,
Des yeux qu'on n'vot point, un biau teint,
Des bras, point gros, mais pleins d' vigueur.
Elle a bien les habits d' rigueur :
Caraco d'eun' couleur passée,
Jusqu'au coud', chaq' manche r'troussée,

(*) Titre d'un tableau de M. Ch. Wallet, de Valenciennes.

Moucho d'cou, jupon, écourcheu
In toile bleusse, et par un nœud
      Serré derrière...
Ah! qu' cheull' servante a bonn' manière
A récurer sin cauderlat !
On dirot qu'ell' livre un combat
A ses cass'rol's, caudron, bouilloire,
Cand'lers, marabout, bassinoire,
A tout l' batt'ri' d' cuisine, infin.
I faut l' vir avec sin tortin
D' pall', comme elle est animée !
Non, jamais général d'armée
Ne l' s'ra puq' qu'ell' même au fort d'un assaut !

Cheull' toile m' paraît sans défaut...
— Quéqu'un m' dit qu'ell' manq' d'éclairache.—
Il est incor à v'nir, l'ouvrache,
Qui s'ra, d' tertous, r'connu parfait...
Pour mi j' trouve ch' tableau bien fait,
Pa'c' qu'il est eun' peintur' fidèle,
Non point tant seul'mint du modèle
      Que l' peintre a pris,
Mais d'eun' coutume d' min pays.

Lille Imp. L. Danel.

LA GOHIÈRE.

15 Centimes la Livraison.

CHANSONS ET PASQUILLES LILLOISES.
Par DESROUSSEAUX.

5° VOLUME. — 25° LIVRAISON.

ANTOINE WATTEAU.

Couplets composés à l'occasion de l'inauguration, à Valenciennes, le 12 octobre 1884, de la Fontaine Watteau.

Air de l'auteur.

(Noté. — N° 33.)

A mon ami Émile VERNUS,
Président de la musique municipale de Valenciennes.

V'là deux chints ans qu'un homm', peu riche,
Il étot, pourtant, maît' couvreu,
Est allé gaîmin à l'égliche,
Pour y fair' baptijer sin fieu. (*)
Queull' figùr' qu'il arot fait ch'l'homme
(D'ichi, je l'vos tout interdit),
Si, li parlant d' sin p'tit bonhomme,
Un prophète, alors, avot dit :

    Tant qu'on aim'ra l' peinture,
    Qu'on chérira l' nature,
    Et tant que l' mond' dur'ra,
    Antoin' Watteau vivra.

(*) Paroisse Saint-Jacques, de Valenciennes.

I faut dir' que ch' petit bonhomme
Est dev'nu l' peintre si fameux
Qu'in tout pays du monde, on r'nomme
Pour tous ses tableaux si joyeux.
Sitôt sorti d'apprintissache
D' chez Gérin, peintre d' grand' valeur, *)
Pour Paris, incore in jeune âche,
I parte plein d' goût, plein d'ardeur.

  Tant qu'on aim'ra l' peinture,
  Qu'on chérira l' nature,
  Et tant que l' mond' dur'ra,,
  Antoin' Watteau vivra.

Il avo', à Paris, pour maîte,
D'abord un nommé Métayer,
Qui n' li donnot mêm' point d' quoi s' mette
L' nécessaire au fond du gosier.
I l' payot moins qu'un homm' de peine,
Qu'un arland qui f'rot tout à r'bours....
Jugez-in : *Tros francs par semaine,*
Et s'n éculé d' soup' tous les jours. (**)

(*) Au dire de la plupart de ses biographes, Watteau aurait eu pour premier maître, à Valenciennes, un peintre sans talent. MM. Hécart et Cellier, écrivains valenciennois, prétendent au contraire qu'il y a reçu des leçons de dessin et de peinture, de Gérin, peintre d'histoire, mort à Valenciennes en 1702 et qui a laissé, paraît-il, un grand nombre de toiles très remarquables qui, malheureusement, ont été, en grande partie, détruites pendant la Révolution.

(**) Dictionnaire de P. Larousse.

>   Tant qu'on aim'ra l' peinture,
>   Qu'on chérira l' nature,
>   Et tant que l' mond' dur'ra,
>   Antoin' Watteau vivra.

Métayer connaichant s'n affaire,
On n' peut mieux, pour gaingner du bien,
A chaque apprinti n' faijot qu' faire
Chin qu'i savot fair' vite et bien.
Si bien qu' l'un faijot des d'sus d' porte,
L'aute eun' sainte, un trosièm' Judas...
Tant qu'à Watteau, l'histoir' rapporte
Qu'i n' faijot qu' des Saint-Nicolas. (*)

>   Tant qu'on aim'ra l' peinture,
>   Qu'on chérira l' nature,
>   Et tant que l' mond' dur'ra,
>   Antoin' Watteau vivra.

Mais sorti d' cheull' triste boutique,
Il intre, un jour, à l'Opéra ;
S'y fait r'marquer et, sans critique,
Surpass' sin maît', chacun l' dira...
I fait des tableaux qu'on admire,
Homme' et femm's, tout l' mond' l'applaudit,
Infin, mes gins, pour mieux vous dire,
Il est à l'honneur, au profit.

(* Histoire des peintres par Charles Blanc et Catalogue de 1865 du Musée de peinture de Valenciennes par M. Cellier

    Tant qu'on aim'ra l' peinture,
    Qu'on chérira l' nature,
    Et tant que l' mond' dur'ra,
    Antoin' Watteau vivra.

Je n' vous dirai point qu' cha m'étonne,
Ch'est l' contrair' qui m'arot surpris.
N'avot-i point autant qu' personne,
Un savoir facil'mint compris ?
Et puis, ch'est à r'marquer, quoiq' triste,
Souvint malade et plein d' souci,
Par ses tableaux si gais, ch'l artiste
Met toudis, dins l' cœur, du plaisi.

    Tant qu'on aim'ra l' peinture,
    Qu'on chérira l' nature,
    Et tant que l' mond' dur'ra,
    Antoin' Watteau vivra.

Il est mort avant l' quarantaine... (*)
Pour un homm' comm' li, queu malheur !
Chacun l' dira, veyant l' fontaine
Qu'on vient d' fair' bâtir à s'n honneur,
Tout in admirant s' biell' figure,
Et s' tournure, et ses traits si biaux,
Si bien rindus par cheull' posture,
Qu' nous a laiché' l' grand maît' Carpeaux.

(*) Né à Valenciennes le 10 octobre 1684, Jean-*Anthoine* Watteau, comme dit son acte de baptême, est décédé à Nogent-sur-Marne, le 18 juillet 1721.

> Tant qu'on aim'ra l' peinture,
> Qu'on chérira l' nature,
> Et tant que l' mond' dur'ra,
> Antoin' Watteau vivra.

D'aujord'hui, l' biell' cérémonie,
S'ra connu' d' nos arrièr'-garchons,
Par des discours, de l' poésie,
De l' musique, et mêm' des canchons.
Tout saisi, j' vous apporte l' mienne
Triste, d' n'avoir rien fait d' pus biau...
 j' cri' d' bon cœur : Viv' Valincienne !
Jui vient d' glorifier l' grand Watteau !

> Tant qu'on aim'ra l' peinture,
> Qu'on chérira l' nature,
> Et tant que l' mond' dur'ra,
> Antoin' Watteau vivra.

FAUX-AVEUGLES(*)

PASQUILLE.

J' déteste tout capon
Qui, n'aïant point d' corache
Pour fair' brav'mint s'n ouvrache,
Goure (**) l' public trop bon...
Quand on l' fourre au violon,
J' dis : « Bon ! il est à s' plache. »

Et pourtant, du tableau
Qu'a fait Monsieur Moreau,
Sur des avul's pour rire,
Quéq's mots, j' m'in vas vous dire :

Chés gaillards sont in train
D' partager leu butin,
Car leu vue est fort bonne.
L'un d'euss' tien' un trombonne.
Ch'est avé ch'l instrumint
Qu'i fournit d' l'agrémint
Au passant qui li donne...

Que l' bon Dieu li pardonne !

L'aut', assis tranquill'mint,
Et comptant bien l'argint

(*) Tableau de mon ami Moreau-Deschanvres, de Saint-Saulve.
(**) Trompe.

Sans l' secours d'eun' leunette,
Est l' jueu d' clarinette...
Il a près d' li sin quien,
Biêt' qui n' se plaint de rien,
Ni de s' pauv' norriture,
Qui manq' souvint, j' vous l' jure,
Hélas !... ni des cops d' pié
Qu'i r'chot, qu' cha fait pitié ;
I n'os' même rien dire
Quand sin maît', ch'est là l' pire,
Etant dins les *brouillards* (*)
Fait, par jour, mill' canards...

Veyant, compté', leu r'cette,
Eun' femm', dins l' fond, s'apprête
A servir du bon vin
A chés deux faux quinz'-vingt...

Infin, eun' petit' fille,
Près d' cheull' mèr' de famille,
Tient dins s' main un gob'let...
V'là l' tableau tout complet.

Cheull' scèn' fort bien rindue,
Fait dire, à l' premièr' vue :
« Poù' s' servir du pinceau
Fort gaîmint, viv' Moreau ! »

(*) Sous l'empire de la boisson.

Lille Imp. L. Danel.

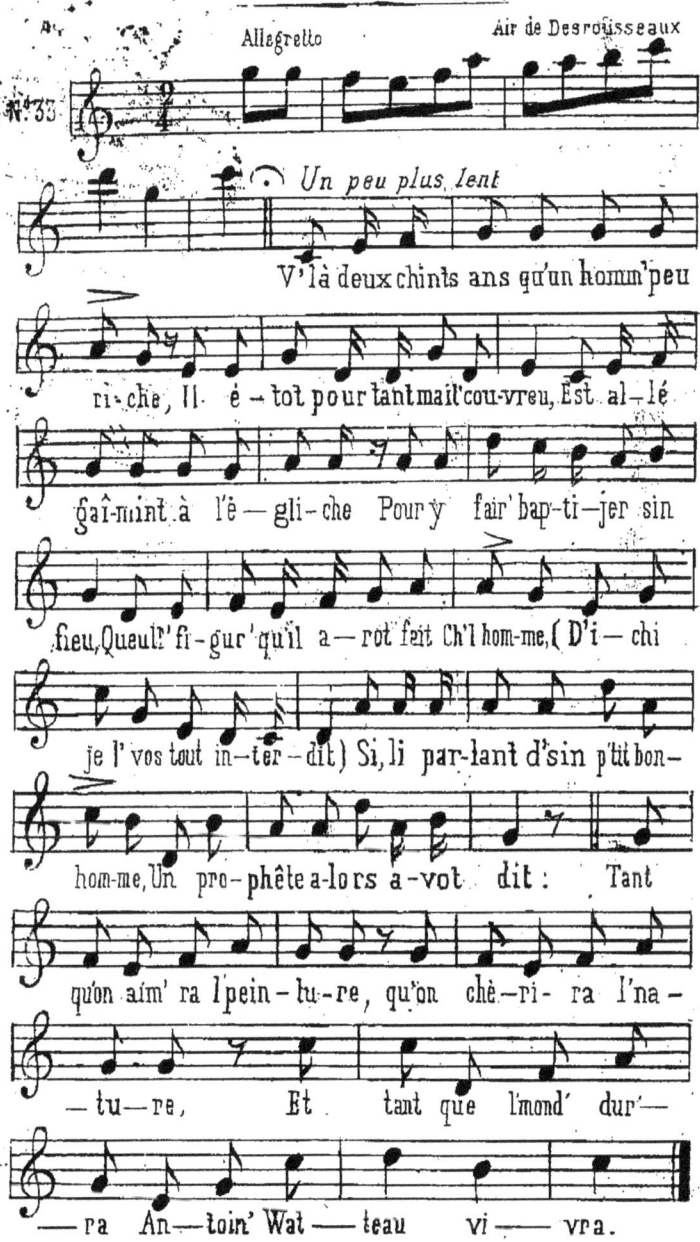

15 Centimes la Livraison.

CHANSONS ET PASQUILLES LILLOISES
Par DESROUSSEAUX.

8ᵉ VOLUME. — 26ᵉ LIVRAISON.

LES POMPIERS DE LILLE.

Air de l'auteur.

(Noté. — N° 34.)

A M. Armand LABBÉ,
Commandant des Sapeurs-Pompiers de Lille.

Dins tous pays, les Pompiers sont utiles,
Car null' mason n'est eximpté' du fu,
Mais ch'est surtout, chaq' jour, dins les grand's villes,
Qu'on peut juger du prix d' chés homm's d'affût. (*)
    Tant qu'au sujet, d' cheusse d' Lille,
    In six parol's comme in mille,
    Tout homm' qui les connot bien,
    N'in dira jamais qu' du bien.

    J'ai du plaisi de l' dire,
        J'admire *(bis)*
    Autant qu' des grands guerriers,
        Nos brav's pompiers. *(bis)*

(*) Nous appelons homme d'affût, tout individu qui, par son adresse, se rend ou peut se rendre utile en maintes occasions.

Tout aussitôt qu'un fu, quéq' part, éclate,
D'puis l' commandant jusqu'au dernier sapeur,
Nous les veyon' y courir quate-à-quate,
Et sans bronser ouvrer avec ardeur.
  Quéq'fos, chés gins pleins d' vaillance,
  Heureux d' sauver l'existence
  A des vieillards, des infants,
  Sortent des flamm's, triomphants!
  J'ai du plaisi de l' dire, etc,

Pindant tout l' temps qu'un scélérat d' fu dure,
Pou' l' l'arrêter chacun fait ses efforts,
Mais souvint l' fu répond par eun' blessure ;
Il arriv' mêm' qu'on importe des morts...
  Bien lon qu' cha dégoût' les autes,
  On vot chés brav's patriotes,
  Mett', pou' r'vinger les vaincus,
  Double ardeur dins les aut's fus.
  J'ai du plaisi de l' dire, etc.

Mais laichons là, mes gins, tout sujet triste.
A l'exercice, à l' pomp' comme au fusil,
Chés brav's infants mettent l' goût d'un artiste ;
Bien manœuvrer, ch'est leu plus grand plaisi.
  Aussi, quand chés joyeux drilles
  Vont quéq' fos dins des aut's villes,
  Personne d' nous n'est surpris
  D' les vir rapporter des prix. (*)
  J'ai du plaisi de l' dire, etc.

(*) Par exemple, en septembre 1874, 70 d'entre eux, s'étant rendus à la fête de Dunkerque, y ont remporté le 1ᵉʳ prix de manœuvres, plus le prix de belle tenue et on leur a donné le surnom de « Petits Chasseurs de Lille. »

Je n' vous dirai qu'un p'tit mot d' leu musique.
Elle a du r'nom mérité d' puis longtemps.
Pou' l' conserver, comm' de juste, ell' s'applique
A des biaux airs, difficile' et savants.
    Cha n'impêch' que, ch'l affair' faite,
    Toudis, dins nos jours de fiête,
    Ell' ju' pour nous mette in train,
    L' *Marseillaise* et *P'tit-Quinquin*.

    J'ai du plaisi de l' dire, etc.

Comm' trait d' gaîté, on m'in cite un fort drôle : (*)
A l' fiêt' de Lille, in mil huit chint vingt-six,
Nos gais pompiers, bisquant d' n'avoir point d' rôle,
Ont pris l' parti d'in juer un gratis.
    I sont allés su' *la Plaine*,
    Ont jué tout d'eune haleine
    A l' drogue, à l' guisse, aux rongnons,
    Et fait voler des dragons.

    J'ai du plaisi de l' dire, etc.

Eune aute affair' qu'on ara du ma d' croire,
Ch'est qu'auterfos, de ch' biau corps, chaq' sapeur,
In grand' tenue, avo' eun' barbe noire,

(*) « 1826 — Dans le programme de la fête communale se trouvaient supprimés, cette année, les Tirs à la cible pour les Sapeurs-Pompiers et les Canonniers. Cette suppression produisit dans les deux corps un vif mécontentement et une certaine exaspération. Il fut convenu qu'on ne protesterait pas ; mais Pompiers et Canonniers se rendirent sur le Champ-de-Mars et y jouèrent à la *Guisse*, à la *Galoche*, à la *Drogue* et lancèrent même un cerf-volant. » (Annales des Sapeurs Pompiers de Lille).

In p'tite, l' barbe étot d'un aut' couleur. (*)
    Ch'est que l' corps n'étot point riche,
    Et que l' noire étant postiche,
    Pou' l' conserver pus longtemps,
    On ne l' mettot qu' tas in temps.

    J'ai du plaisi de l' dire, etc.

V'là pus d' chint ans que l' bataillon existe,
Et r'marquez bien, qu'i n'y-a fauque eun' pair' d'ans,
Qu'on a pinsé d' faire imprimer cheull' liste
Des grands servic's, qu'il a rindus tout l' temps. (**)
    On nous dit que l' modestie
    Du monde, hélas ! est partie...
    Après l' trait que j' viens d' citer,
    Il est permis d'in douter.

    J'ai du plaisi de l' dire,
        J'admire (*bis*)
    Autant qu' des grands guerriers
        Nos brav's pompiers. (*bis*)

(*) « 1825. — C'est à cette époque, je crois, que pour donner un air plus martial à la tête do colonne du bataillon, composée des Sapeurs porte-hache, on leur donna des *barbes postiches*. Lors des prises d'armes où la grande tenue était commandée, les Sapeurs étaient convoqués *avec barbe*. Dans les autres services, ils l'étaient *sans barbe*. Il va sans dire qu'elles étaient toutes uniformément noires. » (Annales des Sapeurs-Pompiers de Lille).

(**) C'est en 1878 qu'ont eté publiées lesdites « Annales »

LE TAMBOUR.

Air des Pompiers de Lille.

(Noté. — N° 34.)

Un instrumint qui, d'puis que l' monde est monde,
Jue un grand rôl', vous l' savez, ch'est l' tambour.
Pour cheull' raison, à toute heure, à la ronde,
L'un l' démépriss', l'aut' l'aime avec amour.
    Il a l' sort des gins d' mérite,
    Qu'in tout sins, chaq' jour, on cite.
    Qui n' sait qu' les balous seul'mint
    Sont libres d' viv' tranquill'mint ?

    Mi, je n' crains point de l' dire,
        Sans rire (*bis*)
    Jusqu'à min dernier jour,
    Toudis j' crîrai : Vive l' tambour !

D'abord, on l' vot dins les foir's, les ducasses,
In tout' grandeur faijant l'admiration
Des p'tits garchons qui, dins leus joi's cocasses,
Pour les avoir, flatt'nt leus parints, d'action.
    Si, dins les présints d' tout' sorte
    Que l' Saint-Nicola' apporte,
    L'infant trouve un *roudoudou*, (*)
    Ch'est pour li l'or du Pérou.

    Mi, je n' crains point de l' dire, etc.

(*) Tambour, par onomatopée.

Ch'est li qui mèn' les bataillons scolaires,
Comm' les archers, les arbalêtriers,
Dins les cortég's, dins les fiêt's populaires,
Et les conscrits, chés apprintis guerriers.
  Au Carneval, cheull' biell' fiête
  Que l' demi-carêm' complète,
  I bat les r' frains des canchons
  Canté's par des gais chochons.
  Ah ! je n' crains point de l' dire, etc.

Mais ch'est surtout, faut bien l' dire, à la guerre,
Que ch'l instrumin' util', sert comme i faut.
I donn' corache à l'homm' qui s' désespère ;
Gaîmint, par li, chacun monte à l'assaut.
  Tout l' mond' sait qu'au Pont-d'Arcole,
  Pou' r'lever l'ardeur trop molle
  Des troupiers, l' brav' Masséna,
  A li-mêm' fait des *ra fla* !
  Ah ! je n' crains point de l' dire, etc.

J'ai laiché dir' qu'un général d'armée, (*)
Su' l' point d' morir, a donné l'orde, un jour,
Par testamint, à s' famille alarmée,
D' li prinde s' piau pour in faire un tambour.
  Pour queull' raison ?... J' vas vous l' dire.
  Vous trouv'rez qu'ell' peut suffire :

(*) « Jean Ziska, chef des Hussites, mort en 1434, avait ordonné, par son testament, de faire un tambour de sa peau, afin qu'elle pût être encore l'effroi de l'ennemi. Voltaire rapporte cette histoire d'après Ænéas-Silvius Piccolomini, qui devint le pape Pie II. » — (Général Ambert).

I volot, même après s' mort,
A l'eunn'mi, fair' peur incor.

 Ah ! je n' crains point de l' dire, etc.

Et l'homme, infin, tout l' temps de s'n existence,
Intind l' tambour, dins nombre d'occasions.
Ch'est à l'école, au régimint, à l' danse,
Dins les combats, mêm' dins les processions.
 Null' fiêt' sans tambour n'est bielle...
 J'ajout', puisque j' m'in rappelle,
 Qu' alfos, dins des intierr'mints,
 I fait des tristes roul'mints.

 Ah ! je n' crains point de l' dire, etc.

Un jour, on dit qu'un ministre a l'idée
D' fair' rimplacher l' tambour par des clairons.
Personn' n'y crot... L'affaire est décidée...
Pus d' *Ra ta plan* ; des *couacs* in guise d' sons.
 Mais veyant qu' tout l' mond' s'attriste,
 Un aut' ministre, un artiste,
 Rind l' tambour au bout d'un an...
 Pour li j' vous propose un ban ! (*)

 Ah ! je n' crains point de l' dire,
  Sans rire : (*bis*)
 Jusqu'à min dernier jour,
 Toudis j' crîrai : Vive l' Tambour !

(*) Le refrain de ce couplet doit être répété, en battant des mains, par le chanteur et les auditeurs, et il convient de terminer le ban par les trois coups d'usage au commandement du chanteur, qui prononcera à haute voix ces trois mots : *Un'! deuss'! troiss'!*

Lille Imp. L. Danel.

www.ingramcontent.com/pod-product-compliance
Lightning Source LLC
Chambersburg PA
CBHW070244100426
42743CB00011B/2121